호신술

    우리 주변에는 여성들이 범죄의 표적이 되는 사건과 사고들이 시간, 장소를 불문하고 많이 발생한다. 여성들을 대상으로 한, 범죄 사건들을 접할 때마다 '사람이 사람을 무서워하는 세상이다.'라는 생각이 든다. 야간 보행 시 만나는 낯선 사람은 경계심과 두려움을 느끼는 대상이 되고 있다. 통계청 사회조사 결과에서 10대에서 40대까지의 여성들이 야간 보행 시 느끼는 불안 비율은 50% 이상이며, 특히 20대 여성들의 불안 비율이 가장 높다.

    따라서 호신술은 여성들이 일상생활에서 꼭 익혀두어야 할 필수능력이라고 할 수 있다. 대부분의 사람들은 '호신술'을 특별한 기술이나 무술이라고 생각한다. 그러나 우리가 위험에 처했을 때, 자신의 신체나 도구를 이용하여 위험으로부터 스스로를 보호하고 방어하는 기술을 '호신술'이라고 한다. 즉 '호신술'은 모든 위협적인 상황에서 스스로를 지키는 자기방어기술이며 위기관리능력이다.

    여대에서 호신술을 강의할 때, 다양한 호신술기들을 익히기에 부족했던 시간은 너무 큰 아쉬움으로 남았다. 따라서 「호신술 2」는 「호신술 1」에 이어, 일반 여성들이 범죄나 위기상황으로부터 자신을 지키고 보호하는데 도움을 주고자 집필하였다. 그리고 자기방어기술 함양에 도움이 될 수 있도록, 세부

적으로 더 많은 호신술기를 수록하게 되어 무엇보다 기쁘다. 또한 이 책이 「호신술 1」과 함께 모든 위기상황에서 스스로 지킴이(Self-Guard)가 될 수 있는 안내서가 되기를 기원한다.

끝으로 「호신술 2」를 출판하기까지 많은 격려를 해 주신 광평(桃平)선생님과 김안수 스승님께 마음깊이 머리 숙여 감사드린다.

「호신술 2」에서도 함께 시연해 준, 손귀동 사범님과 우즈베키스탄 친구 Yuldashev Dostonbek(율다세프 더스턴벡) 에게도 감사한 마음을 전한다. 그리고 촬영에 도움을 주신 강인혁 관장님과 출판에 도움을 준 도서출판 〈등〉의 유정숙 편집장에게도 감사드린다.

2021년 3월

저자 김태영

차례

제11장 방검술 11수

서문

　살면서 누구나 한 번 쯤은 외진 주택가 골목길에서 누군가에게 쫓기거나, 야간 보행 시 남성이 뒤따라 걸어 올 경우, 두려움을 느껴본 경험이 있을 것이다.

　「호신술 1」에서 저자가 외진 주택가 골목길에서 다수의 모르는 사람들에게 쫓길 때, 위기를 모면했던 경험을 소개하였다. 두 발로 힘껏 달리고, 또 뛰면서 두 눈으로 열린 대문이 있는지 살핀 관찰력, "엄마 나 왔어요."라고 목청껏 크게 소리 지르며 열린 대문 틈으로 뛰어 들어간 것, 이 모든 행동들은 위험으로부터 나를 보호하고 방어하는 기술들이다. 그리고 여성의 몸으로 위험한 상황에서 나를 지키는 호신술을 모두 사용한 셈이다. 아마 지금이라면 핸드폰으로 위험 신고를 하는 것도 자기방어기술에 추가 되었을 것이다.

　대부분 여성들은 우연치 않게 상대방에게 머리채가 잡힐 경우, 순간 당황하게 되고 방어수단으로 함께 머리채를 잡을 것이다. 하지만 「호신술 1」과 「호신술 2」를 통해 호신술기를 익혔다면, 다르게 방어했을 것이다. 이때는 머리채를 잡은 상대방의 겨드랑이를 관수로 찌르며, 큰 소리로 주변도움을 요청하는 것으로 자기방어기술을 사용할 수 있다. 「호신술 1」에서도 강조했듯이, 일반 여성들이 건장한 남성으로부터 위협을 받을 경우, 물리적으로 제압하는 것은 힘들다. 하지만 범죄나 위기상황에서 순간 위기를 모면할 수 있다면, 자기방어기술을 충분히 활용한 셈이다.

이처럼 호신술은 우리가 위험에 처했을 때, 자신의 신체나 도구를 이용하여 위험으로부터 스스로를 보호하고 방어하는 기술이다. 즉 '호신술'은 모든 위협적인 상황에서 스스로를 지키는 자기방어기술이자 위기관리능력이며, 법과 질서에 호소하기에 앞서 위험으로부터 자신을 지키는 필수요소이다. 또한 일상생활에서 꼭 익혀두어야 할 필수능력이라고 할 수 있다.

따라서 이 책은 합기도를 이용한 호신술기 80수를 다루었다.
· 상대방이 나의 손목을 잡았을 때의 손목수 8수
· 상대방이 앞에서 나를 잡았을 때의 앞의복수 12수
· 상대방이 뒤에서 나를 잡았을 때의 뒤의복수 5수
· 상대방이 목을 조를 때 3수
· 상대방이 앞에서 안 손목 잡을 때의 역수 9수
· 상대방이 주먹으로 공격할 때의 방권술 12수
· 상대방이 양 손으로 옷깃을 잡거나, 잡으러 들러올 때의 방투술 7수
· 상대방이 발로 공격할 때의 방족술 13수
· 상대방이 흉기로 공격할 때의 방검술 11수로 구성되었다.

또한 모든 호신술기에서 사용되는 호신술 기본용어 '칼 넣기', '꺾기', '치기', '차기'는 「호신술 1」과 동일하게 제시하였다. 호신술의 기본자세와 호신술 권법(술)은 「호신술 1」에 자세하게 제시되어 있다. 그리고 「호신술 1」의 75수, 「호신술 2」의 80수에서 방어 시 사용되는 모든 인체 외부 주요 명칭을 인체도와 함께 제시

하여 독자들의 이해를 돕고자 하였다.

　이 책은 일반 여성들이 범죄나 위기상황으로부터 자신을 지키고 보호하는데 도움을 주기 위해 집필하였다. 여성들과 소통하고자, 저자가 직접 호신술기에서 여성 방어자로 시연하였다. 또한 혼자서 습득 가능하도록 호신술기 동작 과정을 가능한 많이 나누어, 자세한 설명과 함께 배치하는데 중점을 두었다.

　또한 정확한 동작의 습득과 이해를 높이기 위해, 호신술기 과정에서 잘 보이지 않는 손 모양과 뒷면모습, 정면모습 사진들을 TIP으로 제시하였다. 그리고 동작에 대한 부가설명과 핵심사항들을 TIP으로 제시하여, 다양한 방어기술 습득과 응용에 도움이 되도록 집필에 심혈을 기울였다.

　'호신술'은 일상생활에서 때와 장소를 불문하고, 혼자서도 자유롭게 수련 가능한 자기방어기술이다.

　따라서 독자들이 이 책에서 설명한 호신술을 자유롭게 수련 한다면, 범죄나 위기상황에서 다양한 방법으로 충분히 대처할 수 있을 것이다.

제 1 장

호신술의 기본용어

1. 칼 넣기

호신술에서 말하는 '칼'은 척골부위
를 말하고, 칼 넣기는 척골이나 팔꿈
치로 눌러주는 것을 말한다.

2. 꺾기

손가락, 손목, 발목, 무릎, 팔굽,
어깨관절 등을 비틀거나 구부려
누르거나 제껴서 부러트려
고통을 주는 것을 말한다.

3. 치기

주먹, 손등, 팔꿈치, 수도(손날)
등으로 치는 것을 말한다.

4. 차기

앞꿈치, 뒤꿈치, 족도(발날),
무릎 등으로 차는 것을 말한다.

제 2 장

인체 외부 주요 명칭

[인체 외부 주요 명칭]

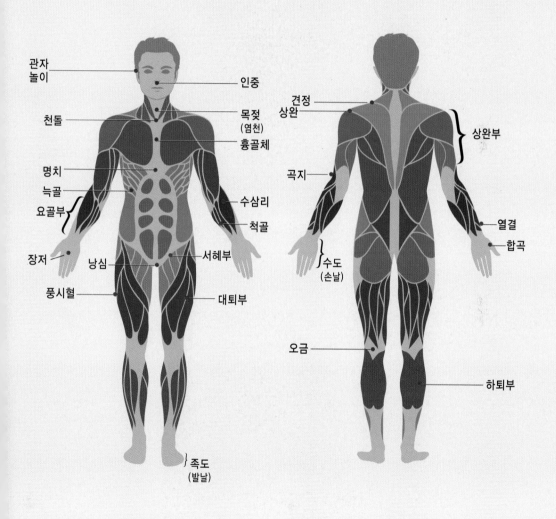

관자놀이

인중

천돌

목젖
(염천)

흉골체

명치

늑골

요골부

수삼리

척골

장저

낭심

서혜부

풍시혈

대퇴부

족도
(발날)

견정
상완

상완부

곡지

열결

합곡

수도
(손날)

오금

하퇴부

전면(前面)   배면(背面)

제 3 장

손목수 8수

01 한 손목 잡혔을 때 빼기 (옆으로 돌려 빼기)

서로 평자세로 선다.

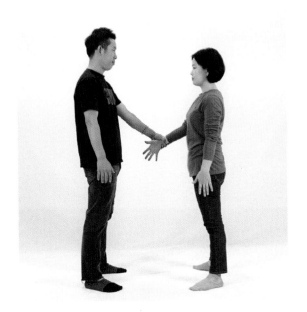

<u>1-1</u> 오른 손목 잡혔을 때

<u>1-2</u> 잡힌 손을 살리고, 오른발이 앞으로 나가며 상대방 엄지와 검지사이로 손목을 틀어준다.

1-3 이어서 왼발이 왼쪽 뒤로 돌아 몸을
왼쪽으로 회전시키면서,

1-3 뒷모습

<u>1-4</u> 손목을 옆으로 돌려서 뺀다.

<u>1-4</u> 뒷모습

한 손목 잡혔을 때 차기 (무릎으로 명치차기)

<u>2-1</u> 오른 손목 잡혔을 때

<u>2-2</u> 잡힌 손을 살리고 오른발이 오른쪽으로 나가면서 잡힌 손목을 오른쪽으로 뻗고,

2-3 왼손으로 상대방 왼 뒷목을 감아 아래로
잡아당기면서, 왼 무릎으로 명치를 찬다.

TIP 뒷목을 감아 잡은 모습

03 한 손목 잡혔을 때 꺾기 1 (4자형 손목 꺾기)

3-1 오른 손목 잡혔을 때

3-2 왼발을 왼쪽으로 틀어 전진하며 왼손으로 상대방 손목을 아래에서 올려 잡으면서,

3-3 잡힌 손을 살려 상대방 쪽으로 밀어서 뺀다.

3-4 이어서 왼손은 상대방 손목을 잡고, 오른손은 팔꿈치를 받쳐 잡고,

TIP 오른손으로 상대방 팔꿈치를 받쳐 잡을 때, 엄지가 곡지 부분을 잡는다.

3-5 오른발이 왼쪽으로 회전
하며 자세를 낮추어 잡은 팔을
나의 머리위로 넘기면서,

3-6 오른 무릎을 꿇고 앉는 동시에

<u>3-7</u> 받쳐 잡은 상대방 팔꿈치는 위로 올리고, 잡은 손목은 아래로 내려 꺾는다.

<u>3-7</u> 뒷모습

TIP 꺾을 때 손 모양이 4자형이 되어야 한다.

한 손목 잡혔을 때 꺾기 2 (손목 밀어 꺾기 1)

4-1 오른 손목 잡혔을 때

4-2 자세를 낮추면서 잡힌
오른손을 안으로 틀어

<u>4-3</u> 왼손 4손가락으로 상대방의 엄지부분을 잡고,

TIP 잡은 손 모습

<u>4-4</u> 오른손은 상대방 엄지손가락을 뒤로 밀면서 빼내어,
오른손 4손가락으로 상대방 엄지부분을 맞잡는다.

TIP 이때 상대방 엄지부분을 포개어 잡으면 더 효율적이다.

<u>4-5</u> 이어서 오른발이 정중앙으로 나가며 잡은 손을 밀어 올리면서 꺾는다.

한 손목 잡혔을 때 꺾기 3 (손목 밀어 꺾기 2)

5-1 오른 손목 잡혔을 때

TIP 잡은 손 모습

<u>5-2</u> 자세를 낮추면서 잡힌 오른손을 나의 몸 쪽으로 당겨서
안으로 틀어, 아래에서 왼손 엄지로 상대방 손등을 잡는다.

5-3 이어서 오른손을 왼쪽으로 틀어
서 오른손 4손가락이 상대방 수도부분
을 잡는다.

TIP 이때 나의 오른 손바닥이
나의 왼손 엄지를 감싸 잡는다.

<u>5-4</u> 이어서 오른발 전진하며 잡은 손을 오른쪽으로 밀어 올리면서 꺾는다.

06 한 손목 잡혔을 때 꺾기 4 (팔굽 관절 꺾기)

<u>6-1</u> 오른 손목 잡혔을 때

<u>6-2</u> 오른발이 상대방 왼쪽
으로 나가면서

6-3 왼손으로 상대방 팔꿈치를 위에서 내려잡아 당기고,

6-4 잡힌 오른손은 튕기듯이 밀어서 뺀다.

<u>6-5</u> 이어서 뺀 오른손을 감아올려 나의 왼 손등을 잡고,

6-6 뒷모습

6-6 왼발이 나의 오른발 뒤로 돌면서 왼 무릎 꿇어 앉아, 팔굽 관절을 잡아
내려 꺾는다.

TIP 왼 무릎을 꿇어앉지 않고 서서 꺾기도 가능하다.

한 손목 잡혔을 때 던지기 1 (허리치기로 던지기)

7-1 오른 손목 잡혔을 때

7-2 왼발을 왼쪽으로 틀어 중앙으로 나가며, 왼손 엄지가 위쪽으로 가도록 상대방 손목을 잡고,

7-3 잡힌 손을 왼쪽으로 쭉 뻗어서 뺀다.

7-4 이어서 뺀 손으로 상대방 등 허리띠를 잡고,

<u>7-5</u> 오른발이 상대방 오른발 옆으로 나가면서, 엉덩이를 상대방 대퇴부 쪽까지
밀어 넣는다.

<u>7-6</u> 동시에 왼손은 잡은 손목을 당기고, 오른손은 등 허리띠를 잡아 들어올리며, 무릎을 튕겨 올리면서 허리치기로 던진다.

TIP 상대방의 몸을 나의 엉덩이와 허리부분에 실어야 쉽게 던질 수 있다.

08 ─ 한 손목 잡혔을 때 던지기 2 (무릎앉아 던지기)

8-1 오른 손목 잡혔을 때

8-2 왼발이 오른쪽으로 나가면서 잡힌 손을 안으로 돌려 상대방의 손목을 잡고,

TIP 엄지가 아래로 가도록 상대방 손목을 잡는다

8-3 왼손으로 상대방 왼쪽 상완을 잡는다.

8-4 이어서 오른발이 뒤로 (오른쪽으로) 돌면서 엉덩이를 뒤로 쭉 빼는 동시에,

8-5 양 손을 아래로 당기며
왼 무릎 꿇어 앉으면서

8-5 뒷모습

<u>8-6</u> 상대방을 던진다.

제 4 장

앞의복수 12수

<u>9-1</u> 앞에서 소매 아래 잡혔을 때

<u>9-2</u> 오른발이 오른쪽으로 나가면서 잡힌 손을 안으로 돌려 상대방의 손목을 엄지가 아래로 가도록 잡고,

TIP 잡은 손 모습

<u>9-3</u> 왼손은 상대방 왼쪽 상완을 잡아,

9-4 왼손은 상완을 밀고(이때 상완을 쳐도 상관
없다) 오른손은 손목을 잡아당기며, 왼발로 상대
방 왼쪽 오금을 차 돌려서

9-4 뒷모습

<u>9-5</u> 상대방을 넘긴다.

10 앞에서 소매 중간(팔굽) 잡혔을 때

<u>10-1</u> 앞에서 소매 중간(팔굽) 잡혔을 때

<u>10-2</u> 오른발이 나가면서 잡힌 팔을 가슴 높이로 들어 올리고,

10-3 왼손을 아래쪽에서 4
손가락으로 상대방 왼팔 곡
지를 잡고,

TIP 왼손 4손가락으로 곡지를 잡은 모습

10-4 잡힌 오른 팔꿈치를 밀면서 오른손을 상대방 팔위로 돌려서 회전한다.

10-5 동시에 왼발이 뒤로 회전하면서(돌면서) 상대방 팔을 겨드랑이에 꽉 끼우고,

<u>10-6</u> 왼손으로 나의 오른손 수도부분을 잡아서 위로 치켜 올려 꺾는다.

11 앞에서 어깨 잡혔을 때 (각권으로 가슴치고 칼 넣기)

<u>11-1</u> 앞에서 어깨 잡혔을 때

<u>11-2</u> 왼손 엄지로 상대방 합곡을 잡고, 4손가락은 수도부분을 잡는다.

<u>11-3</u> 이어서 왼발이 옆으로(상대방 오른발 앞으로) 나가면서 잡힌 어깨를 왼쪽
으로 튕겨서 어깨를 잡은 손을 빼내면서,

11-4 오른 각권(주먹)으로 가슴을 치고,

<u>11-5</u> 오른발이 왼쪽 앞으로 나가면서 오른 척골로 상완부에 칼 넣기 한다.

12 앞에서 뒷덜미 잡혔을 때 1

12-1 앞에서 뒷덜미 잡혔을 때

12-2 오른발이 앞으로 나가면서 오른손으로 상대방 허리를 둘러서 껴안으며,

12-3 왼손 장저(손바닥)로
상대방의 턱을

12-4 오른쪽으로 틀어서
민다.

앞에서 뒷덜미 잡혔을 때 2

<u>13-1</u> 앞에서 뒷덜미 잡혔을 때

<u>13-2</u> 오른발이 전진하면서 오른손으로 상대방 허리를 껴안고,

13-3 왼손 절관수(손가락 중간 관절을 구부린 상태)로 목젖(염천)이나

13-4 인중을 친다.

TIP 상대방의 신장에 따라서 목젖 (염천)이나 인중을 치면 된다.

14 앞에서 멱살 세워서(엄지가 위로) 잡혔을 때

14-1 앞에서 멱살 세워서 (엄지가 위로) 잡혔을 때

14-2 왼손 엄지로 상대방 합곡을, 4손가락은 수도부 분을 잡고,

14-3 왼발이 뒤로 빠지면 서

14-4 오른 팔꿈치로 상대 방 팔굽을 내려친다.

TIP 상대방이 가까이 있을 때 는 뒤로 빠지면서 치고, 멀리 있을 때는 앞으로 들어가면서 친다.

15 앞에서 멱살 옆으로 틀어서(엄지가 옆으로) 잡혔을 때

15-1 앞에서 멱살 옆으로 틀어서(엄지가 옆으로) 잡혔을 때

15-2 오른발이 나가면서 오른손은 상대방 뒷 머리채를 잡고,

15-3 왼손 장저(손바닥)로 턱을 잡아

15-4 뒷 머리채를 잡은 오른손은 잡아 내리고, 턱을 잡은 왼손은 올려서 45°로 꺾어준다.

16-1 앞에서 멱살 아래로 틀어서(엄지가 아래로) 잡혔을 때

16-2 오른손 4손가락이 상대방 팔 밑에서 수도부분을 잡고,

<u>16-3</u> 왼손도 함께 포개어 잡는다.

<u>16-4</u> 이어서 자세를 낮추면서 왼발이 오른쪽으로 상대방 겨드랑이 밑으로 들어

가면서,

<u>16-5</u> 손목을 꺾는다.

<u>16-5</u> 뒷모습

17 앞에서 가슴 잡혔을 때 (손목 눌러 꺾기)

17-1 앞에서 가슴 잡혔을 때

17-2 양 손 엄지가 상대방의 손 안쪽을 잡고, 나머지 양 손가락은 손등을 겹쳐 잡는다.

TIP 양 손으로 겹쳐 잡은 모습

<u>17-3</u> 겹쳐 잡는 동시에 오른발이 왼쪽 앞으로 나가면서 손목을 45°로 눌러서 꺾는다.

앞에서 옆구리(겨드랑이) 잡혔을 때

18-1 앞에서 옆구리(겨드랑이) 잡혔을 때

18-2 오른손으로 상대방 손목을 잡고,

18-3 오른발이 오른쪽으로 나가면서,

18-4 왼 수도(손날)로 상대방 왼쪽 상완 안쪽을 친다.

18-5 동시에 친 손으로 어깨옷깃을 잡으면서,

18-6 왼발 뒤꿈치로 상대방 오금 또는 하퇴부를

<u>18-7</u> 차 넘기며 던진다.

19 앞에서 팔 안으로 껴안았을 때

19-1 앞에서 팔 안으로 껴안았을 때

19-2 오른손으로 상대방의 뒷 머리채를 잡고,

19-3 왼손 장저(손바닥)로 상대방의 턱을 잡아,

19-4 오른쪽으로 45° 비틀어 민다.

20 앞에서 팔 밖으로 껴안았을 때

<u>20-1</u> 앞에서 팔 밖으로 껴안았을 때

<u>20-2</u> 엉덩이를 뒤로 빼고,

TIP 엉덩이를 뒤로 빼면, 방어할 수 있는 공간 확보가 된다.

<u>20-3</u> 양 손 엄지로 서혜부를 찌르거나,

TIP 양 손 엄지로 서혜부 찌르는 모습

<u>20-4</u> 손등으로 낭심을 친다.

20-5 이어서 상대방을 껴안으며, 오른 무릎으로
옆구리를 찬다.

TIP 신장에 따라 무릎으로
낭심을 차도 된다.

제 5 장

뒤의복수 5수

뒤에서 뒷덜미 잡혔을 때

21-1 뒤에서 뒷덜미 잡혔을 때

21-2 몸을 우측으로 완전히 돌려 오른발이 상대방 왼발 앞쪽으로 가면서,

21-3 오른손을 상대방 팔 위로 넘겨서 오른 손등을 상대방 왼쪽 가슴 쪽에 붙인다.

TIP 상대방과 신장차이가 날 경우, 중지권(꿀밤 줄 때의 주먹 쥔 손모양)으로 늑골을 쳐도 된다.

21-4 이어서 오른발이 상대방 오른발 쪽으로 나가면서 오른 요골부위(손목과 팔꿈치 사이부분)로 상대방 상완 뒷부분을 앞으로 45° 눌러 꺾는다.

뒤에서 양 어깨 잡혔을 때

22-1 뒤에서 양 어깨 잡혔
을 때

22-2 어깨를 우측으로 기
울이면서 오른발이 상대방
양 발 앞으로 간다.

22-3 이어서 왼손 엄지로 상대방 오른 손등부분을 잡고, 오른손은 손목부분을 잡아서

22-4 어깨를 잡은 손을 뺀다.

TIP 이때 어깨를 튕기며 손을 잡아채어야 잡은 손이 잘 빠진다.

22-5 이어서 오른손을 상대방
팔 밑으로 넣어 올려 상대방의
수도부분을 잡고,

TIP 잡은 손 모습

<u>22-6</u> 오른발이 나가면서 잡아 내리며 꺾는다.

23 뒤에서 양 소매 중간(팔굽) 잡혔을 때

23-1 뒤에서 양 소매 중간(팔굽) 잡혔을 때

23-2 양 손을 살린 채로 절반 만세 하듯이 앞으로 45° 들어 올리고,

23-3 오른발이 상대방 왼발 뒤로 빠지면서 왼 무릎을 걸고,

23-4 오른 팔꿈치로 상대방의 명치를 쳐서 넘긴다.

24 뒤에서 양 손목 잡아 뒤로 치켜 올릴 때

24-1 뒤에서 양 손목 잡아 뒤로 치켜 올릴 때

24-2 상체를 숙이면서 왼발 이 앞으로 나가며,

<u>24-3</u> 상대방 양 손목을 잡으면서 오른발로 낭심 또는 복부를 뒷발차기 한다.

TIP 상대방과의 거리가 좁을 경우는 한발 앞으로 나가면서 뒷발차기를 하고, 거리가 좁지 않다면 상체를 숙이면서 바로 뒷발차기 한다.

25 뒤에서 팔 안으로 손깍지 껴안았을 때

25-1 뒤에서 팔 안으로 손깍지 껴안았을 때

25-2 왼발이 옆으로 빠지면서

<u>25-3</u> 양 손으로 상대방 왼발을 잡는다.

25-4 왼발을 잡아 올리면서,

25-4 정면모습

<u>25-5</u> 엉덩이로 상대방의 대퇴부를 누른다.

 상대방 대퇴부를 깔고 앉는다.

<u>25-5</u> 정면모습

제 6 장

목 조를 때 3수

옆에서 머리를 팔굽 안에 넣고 조일 때

<u>26-1</u> 옆에서 머리를 팔굽 안에 넣고 조일 때

TIP 왼손으로 견정 누르는 모습

<u>26-2</u> 왼손으로 상대방 왼쪽 견정을 누르고, 오른 중지권(꿀밤 줄 때의 주먹 쥔 손모양)으로 오른쪽 풍시혈을 친다.

TIP 풍시혈의 위치는 무릎과 골반의 중간 옆 부분에 해당한다.

27-1 앞에서 양 손으로 목을 눌러 조를 때

27-2 양 손 각권(주먹)으로 상대방 팔꿈치 안쪽을 아래에 서

27-3 위로 쳐 올리고,

TIP 주먹 쥐고 손목스냅으로 쳐 올린다.

27-4 양 수도(손날)로 상대방의 양 늑골을 친다.

28 앞에서 양 손 X자로 목을 조를 때

(양 중지권으로 늑골치기)

<u>28-1</u> 앞에서 양 손 X자로 목을 조를 때

<u>28-2</u> 자세를 낮추면서 양 중지권(꿀밤 줄 때의 주먹 쥔 손모양)으로 상대방의 양 늑골
을 친다.

 중지권으로 칠 때, 엄지가 위로 가도록 해야 손목 꺾임을 방지할 수 있다.

제 7 장

역수 9수

29 안 손목 한 손 잡혔을 때 치기 (수도로 목 치기)

29-1 안 손목 한 손 잡혔을 때

29-2 왼발 전진하면서 왼 척골로 상대방 요골(손목 윗부분)을 치고,

<u>29-3</u> 친 손을 엎은 수도(손등이 위로 손날)로 상대방의 목을 친다.

안 손목 한 손 잡혔을 때 꺾기 1 (칼 넣기)

30-1 안 손목 한 손 잡혔을 때

30-2 왼발 전진하면서 오른 손으로 상대방 손을 맞잡고,

<u>30-3</u> 오른발이 오른쪽으로 회전하면서(뒤로 돌면서) 왼 척골부로 상완에 칼 넣기 한다.

안 손목 한 손 잡혔을 때 꺾기 2 (뱀목)

31-1 안 손목 한 손 잡혔을 때

31-2 잡힌 오른 손목을 안으로 돌려

31-3 왼손으로 상대방 엄지부분을 잡으면서,

<u>31-4</u> 나의 오른손 엄지가 아래로 가도록 상대방의 손목을 잡는다.

TIP 뱀목 좌측모습

TIP 뱀목 우측모습

이때 상대방 손목이 옆으로 세워져야 한다.

<u>31-5</u> 잡는 동시에 오른발 전진하면서 손목을 꺾어 누른다.

TIP 이때 상대방의 손등부분(왼손)은 올리고, 팔목부분(오른손은) 내려줘야 효과가 있다.

32 안 손목 한 손 잡혔을 때 던지기 (왼다리 잡아 올려 던지기)

32-1 안 손목 한 손 잡혔을 때

32-2 오른발 전진하면서 상대방 오른 손목을 맞잡고,

32-3 낮은 자세로 왼발이 상대방 가랑이 사이로 깊숙이 들어간다(기마자세).

32-4 들어가면서 잡은 오른손을 머리위로 넘겨 당기면서,

<u>32-5</u> 왼손으로 상대방의 왼다리를 잡아 올려 던진다.

TIP 던질 때 나의 오른손은 내리고, 왼손은 올린다.

33 안 손목 한 손 잡혔을 때 차기 (오금차기)

<u>33-1</u> 안 손목 한 손 잡혔을 때

<u>33-2</u> 상대방의 오른손을 맞
잡아 누르면서 왼발이 왼쪽
으로 나간다.

33-3 동시에 오른발 뒤꿈치로
상대방 오른쪽 오금을 찬다.

앞에서 양 손 잡혔을 때 1 (옆구리/명치/낭심 차올리기)

<u>34-1</u> 앞에서 양 손 잡혔을 때

<u>34-2</u> 왼발이 왼쪽으로 나가면서 왼손은 올리고 오른손은 내리면서,

<u>34-3</u> 오른 무릎으로 상대방의 옆구리, 명치, 낭심 등을 차올린다.

TIP 상대방의 자세와 신장에 따라 무릎으로 차올리는 부위가 달라진다.

35 앞에서 양 손 잡혔을 때 2 (명치차기)

35-1 앞에서 양 손 잡혔을 때

35-2 양 손을 안으로 틀어 올려

__35-3__ 상대방 손등끼리 부딪히게 하고,

TIP 손등끼리 부딪히는 모습

__35-4__ 오른발 옆차기로 상대방의 명치를 찬다.

TIP 늑골을 찍어차기 해도 가능하고, 상대방과의 거리에 따라서 왼발이 뒤로 빠졌다가 차는 것도 가능하다.

36 앞에서 한 손목 두 손 잡혔을 때 1 (장저로 안면치기)

36-1 앞에서 한 손목 두 손 잡혔을 때

36-2 오른발 전진하면서 자세를 낮춰 잡힌 손을 위로 올려서

TIP 오른발이 전진하게 되면, 잡힌 팔과 내 몸 거리를 좁혀 힘을 쓸 수 있게 된다.

<u>36-3</u> 손을 빼고,

<u>36-4</u> 오른 장저(손바닥)로
상대방의 안면을 친다.

TIP 안면을 칠 때는 손목 스
냅으로 친다.

앞에서 한 손목 두 손 잡혔을 때 2 (열결 치고 하복부 치기)

37-1 앞에서 한 손목 두 손 잡혔을 때

37-2 잡힌 오른손을 왼쪽으로 틀어 손목을 아래로 구부리고, 상체를(몸을) 아래로 숙이면서

TIP 잡힌 오른 손목을 아래로 구부려야 왼 척골부로 상대방 열결을 칠 때, 나의 손이 다치지 않는다.

37-3 왼 척골부로 상대방 오른 열결 부분을 치는 동시에

37-4 왼발 전진하면서 왼 정권(주먹)으로 하복부를 친다.

제 8 장

방권술 12수

38 주먹으로 공격할 때 막기 1

※ 주먹으로 공격할 때의 자세

공격자는 좌(左)자세, 방어자는 우(右)자세를 취한다. 38~49수에 해당한다.

<u>38-1</u> 오른발이 나가면서 오른 척골부로 안으로 막는다.

주먹으로 공격할 때 막기 2

<u>39-1</u> 오른발이 나가면서 왼 척골부로 밖으로 막는다.

주먹으로 공격할 때 막기 3

<u>40-1</u> 오른발이 나가면서
왼손으로 상대방 팔굽 관절
에서 쓸어내리면서,

<u>40-2</u> 손목을 잡는다.

주먹으로 공격할 때 막기 4

41

<u>41-1</u> 왼발이 왼쪽으로 나
가면서 오른손으로 상대방
팔굽에서 쓸어내리면서,

<u>41-2</u> 손목을 잡는다.

주먹으로 공격할 때 치기 1 (절관수로 목 치기)

<u>42-1</u> 오른발이 오른쪽으로 나가면서 왼 척골부로 바깥으로 막아 잡고,

<u>42-2</u> 오른 절관수(손가락 중간 관절을 구부린 상태)로 상대방 목을 친다.

43 주먹으로 공격할 때 치기 2

(역수도로 인중/관자놀이 치기)

43-1 왼발이 왼쪽으로 나가면서 왼손으로 안으로 잡아 내리고,

43-2 오른 역수도로 상대방의 인중이나

<u>43-3</u> 관자놀이를 친다.

TIP 역수도로 칠 때에는 엄지손가락을 손바닥 쪽으로 붙여야, 엄지손가락이 다치지 않는다.

주먹으로 공격할 때 꺾기 1 (겨드랑이 끼워 꺾기)

44-1 오른발을 뒤로 빼면서 양 손 X자(오른손 위, 왼손 아래)로 막고,

44-2 오른손이 상대방 손등을 잡고, 왼손은 손가락이 아래로 가도록 손목을 잡는다.

<u>44-3</u> 이어서 왼발이 나와 상대방 오른발 사이로 나가면서, 잡은 손목을 왼쪽 겨드랑이에 끼워 꺾는다.

주먹으로 공격할 때 꺾기 2 (무릎 꿇으며 손목 꺾기)

45-1 왼발이 왼쪽으로 나가면서 양 손 X자(오른손 위, 왼손 아래)로 막고,

45-2 막은 후 손목을 잡아 내린다.

TIP 잡은 손 모습

45-3 이어서 오른발이 나의 왼발과 상대방 오른발 사이로(상대방 오른 겨드랑이 밑으로) 들어가 돌면서(전환하면서),

45-4 오른 무릎 꿇어 손목 관절을 꺾는다.

주먹으로 공격할 때 꺾기 3 (팔굽 내려 눌러 꺾기)

46-1 오른발을 뒤로 빼면서 오른손으로 바깥쪽에서 (좌에서 우로) 상대방 손목을 잡고,

46-2 왼손 장저(손바닥)로 상대방 오른 팔굽을 아래에서 받쳐 잡아 올리면서,

46-2 뒷모습

<u>46-3</u> 왼발이 오른쪽으로 나가면서 팔굽을 내려 눌러 꺾는다.

<u>47-1</u> 오른발이 나가면서 왼손으로 상대방 안 손목을 잡고,

<u>47-2</u> 오른손을 상대방 허리 뒤로 돌려 허리띠를 잡으면서

<u>47-3</u> 왼발이 왼쪽 뒤로 돌며(회전하며), 엉덩이를 상대방 오른 대퇴부 쪽으로
밀어 넣는다.

<u>47-4</u> 뒷모습

<u>47-4</u> 이어서 엉덩이로 상대방 대퇴
부를 치듯이 밀어 넣으면서 허리치
기로 던진다.

48 주먹으로 공격할 때 던지기 2 (오리 던지기)

48-1 오른발 전진하면서 왼손으로 상대방 안 손목을 잡는다.

48-2 이어서 잡은 손목을 오른손에 바꿔 잡고 들어 올리며,

48-3 왼발이 상대방 오른
발 뒤로 들어가면서

48-4 오른팔을 머리위로 넘겨 쭉 뻗는다.

48-5 이어서 상대방의 몸
을 허리에 싣고,

48-6 왼손으로 왼발을 받
쳐 밀면서

<u>48-7</u> 상대방을 던진다.

<u>49-1</u> 왼발이 왼쪽으로 나가면서 오른손 살려 손등으로 막아 올리고,

<u>49-2</u> 오른발로 상대방 얼굴을 찍어차기 한다.

얼굴차기

TIP 막아 잡은 후 상대방 신장에 따라 얼굴차기, 늑골차기, 옆구리차기도 가능하다.

늑골차기

옆구리차기

제 9 장

방투술 7수

양 손으로 옷깃을 잡으러 들어올 때 1 (겨드랑이 꺾기)

<u>50-1</u> 양 손으로 옷깃을 잡으러 들어올 때

<u>50-2</u> 오른발을 뒤로 조금 빼면서 양 팔 X자(오른팔 위, 왼팔 아래)로 상대방 오른 손목을 막고,

50-3 오른손은 상대방 손등을 잡고, 왼손은 손가락이 아래로 가도록 손목을 잡는다.

50-4 이어서 왼발이 오른쪽으로 나가면서 겨드랑이 꺾기 한다.

TIP 겨드랑이 꺾기 손 모습

51 양 손으로 옷깃을 잡으러 들어올 때 2

(상완으로 팔굽 관절치기)

<u>51-1</u> 양 손으로 옷깃을 잡
으러 들어올 때

<u>51-2</u> 오른발을 왼발 뒤로
빼면서 양 팔 X자(오른팔 위,
왼팔 아래)로 상대방 오른 손
목을 막고,

51-3 오른손은 상대방 손목을 잡고, 왼손은 손등부분을 잡는다.

TIP 잡은 손 모습

51-4 이어서 왼발이 오른쪽으로 나가면서 상완으로 상대방 팔굽 관절을 친다.

52 양 손으로 잡혔을 때 1 (상체 숙여 꺾기)

<u>52-1</u> 양 손으로 잡혔을 때

<u>52-2</u> 양 손가락이 상대방
왼 손등을 맞잡고,

TIP 잡은 손 모습

<u>52-3</u> 오른발이 나의 왼발과 상대방 오른발 사이로 나가면서 상체를 숙여 꺾는다.

TIP 잡는 손에 따라 전진하는 발이 달라진다.
상대방의 오른 손등을 잡을 경우는 왼발이 나가면서 꺾는다.

53 양 손으로 잡혔을 때 2 (장저로 턱 밀어 넘기기)

<u>53-1</u> 양 손으로 잡혔을 때

<u>53-2</u> 오른발이 상대방 양 발 사이로 들어가면서 왼손 으로 상대방 허리를 감아 잡고,

<u>53-3</u> 오른 장저(손바닥)로 턱을 밀어 넘긴다.

TIP 상대방의 턱 힘이 장저(손바닥) 힘보다
더 세기 때문에 약간 틀어서 밀어주어야 한다.

양 손으로 잡혔을 때 3 (중지권으로 흉골체(앞가슴) 치기)

<u>54-1</u> 양 손으로 잡혔을 때

<u>54-2</u> 오른 중지권(꿀밤 줄 때의 주먹 쥔 손모양)으로 상대방 흉골체(앞가슴)을 친다.

TIP 중지권으로 흉골체(앞가슴)를 찍어서 아래로 긁어내려도 된다.

TIP 중지권으로 흉골체
(앞가슴) 치는 모습

55 양 손으로 멱살/옷깃 잡고 던지려 할 때 1

(수도로 늑골치기)

55-1 양 손으로 멱살/옷깃
잡고 던지려 할 때

55-2 오른발을 뒤로 빼고
왼손 장저(손바닥)로 상대
방 얼굴을 밀면서,

TIP 이때 상대방 얼굴을 쳐도 된다.

<u>55-3</u> 오른 수도(손날)로 상대방 오른 늑골을 친다.

56 양 손으로 멱살/옷깃 잡고 던지려 할 때 2

(양 손목 끼워 감아 막기)

56-1 양 손으로 멱살/옷깃 잡고 던지려 할 때

56-2 오른발을 뒤로 빼고 몸을 오른쪽으로 틀면서 왼 팔굽에 상대방 손목을 끼워 감아 막으면서,

TIP 왼 팔굽에 상대방 팔을 끼워 감은 모습

<u>56-3</u> 오른 중지권(꿀밤 줄 때의 주먹 쥔 손모양)으로 상대방 늑골을 친다.

TIP 중지권으로 칠 때 엄지가 위로 가도록 해야 손목 꺾임을 방지할 수 있다.

제10장

방족술 13수

발로 공격할 때의 자세

공격자는 좌(左)자세, 방어자는 우(右)자세를 취한다.
57~69수에 해당한다.

발차기 공격시 양 팔로 (왼팔은 위, 오른팔은 아래로) 막기 자세

발차기 공격시 양 팔로(왼팔은 위, 오른팔은 아래로) 상대방 대퇴부 아래쪽을 막는다.
57, 61, 62, 64수의 막기 자세에 해당한다.

측면자세

정면자세

발차기 공격시 양 팔로 (오른팔은 위, 왼팔은 아래로) 막기 자세

발차기 공격시 양 팔로(오른팔은 위, 왼팔은 아래로) 상대방 대퇴부 아래쪽을 막는다.
65, 66수의 막기 자세에 해당한다.

측면자세

정면자세

상대방이 옆차기 할 때 치기 (팔꿈치로 등치기)

57-1 왼발이 왼쪽으로 나가면서 양 팔로(왼팔은 위, 오른팔은 아래로) 상대방 대퇴부 아래쪽을 막고,

57-1 뒷모습

<u>57-2</u> 오른발이 오른쪽으로 뒤로 돌아서, 오른 팔꿈치로 상대방 등을 친다.

상대방이 옆차기 할 때 꺾기 1 (발목 눌러 꺾기 1)

58-1 오른발을 약간 뒤로 빼면서 양 손으로 (오른손은 위, 왼손은 아래로) 발목을 막고,

58-2 오른손은 상대방 발 뒤꿈치를 잡고, 왼손은 오른손을 겹쳐 잡는다.

TIP 발 잡은 모습

<u>58-3</u> 이어서 왼발이 나가면서 상대방 발목을 눌러 꺾는다.

59 상대방이 옆차기 할 때 꺾기 2 (발목 눌러 꺾기 2)

59-1 오른발 뒤로 빼면서 양 손으로 발목을 막는다.

59-2 이어서 왼손은 발뒤꿈치를 잡고, 오른손은 발등부분을 잡아서,

<u>59-3</u> 오른발이 뒤로 빠지면서 상대방 발목을 눌러 꺾는다.

TIP 발등 잡은 오른손은 올려주고, 발뒤꿈치를 잡은 왼손은 내려주면서 꺾는다.

60-1 왼발이 왼쪽으로 나가면서 양 손으로(오른손은 위, 왼손은 아래로) 막는다.

60-2 이어서 오른손은 발뒤꿈치를 잡고, 왼손은 발끝 부분(족도(발날))을 잡아,

TIP 발 잡은 모습

60-3 오른발이 오른쪽으로 나가면서,

60-4 상대방 발목을 오른쪽으로 돌려서 꺾는다.

61-1 왼발이 왼쪽으로 나가면서 양 팔로 (왼팔은 위, 오른팔은 아래로) 상대방 대퇴부 아래쪽을 막는다.

61-1 뒷모습

61-2 막은 후, 오른 팔굽 안에 오금부분을 끼워 잡고

61-2 뒷모습

<u>61-3</u> 오른발 뒤꿈치로 상대방 왼쪽 오금을 걸어 던진다.

TIP 이때 하퇴부를 차 돌려
던져도 된다.

상대방이 옆차기 할 때 던지기 2 (안다리로 차 던지기)

62-1 왼발이 왼쪽으로 나가면서 양 팔로(왼팔은 위, 오른팔은 아래로) 상대방 대퇴부 아래쪽을 막고,

62-1 뒷모습

<u>62-2</u> 오른 팔굽 안에 오금부분을 끼워 잡는다.

<u>62-3</u> 이어서 오른발이 나가면서 왼손으로 상대방 뒷덜미를 잡아당기며,

<u>62-4</u> 왼발 안다리로 상대방 왼쪽 뒤꿈치 옆부분을 차서 던진다.

상대방이 옆차기 할 때 차기 1 (앞꿈치로 대퇴부 차기)

63-1 오른발을 약간 뒤로 빼면서 양 손 X로 (오른손 위, 왼손 아래로) 막아 잡으면서,

TIP 양 손 X로(오른손 위, 왼손 아래로) 막아 잡은 모습

<u>63-2</u> 오른발 앞꿈치로 상대방 대퇴부를 찬다.

64-1 왼발이 왼쪽으로 나가면서 양 팔로
(왼팔은 위, 오른팔은 아래로) 상대방
대퇴부 아래쪽을 막고,

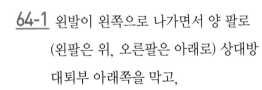

64-1 뒷모습

<u>64-2</u> 오른 팔굽에 오금부분을 끼워 잡으면서,

<u>64-2</u> 뒷모습

<u>**64-3**</u> 오른발로 상대방 왼쪽 오금을 찬다.

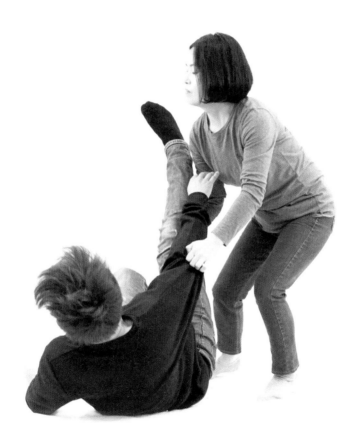

TIP 오금을 찰 때, 왼손으로 어깨를 잡아도 된다.

65 상대방이 찍어차기 할 때 1 (관수로 서혜부 찌르기)

65-1 오른발이 나가면서 양 팔로(오른팔은 위, 왼팔은 아래로) 대퇴부 아래쪽을 막고,

65-1 뒷모습

65-2 왼 팔굽에 오금부분을 끼우고,

65-3 오른 관수(손끝)로 서혜부를 찌른다.

TIP 관수(손끝)로 찌를 때에는 중지를 약간 구부려 검지, 중지, 약지의 끝이 일치되게 해야 가장 긴 중지가 다치지 않는다.

TIP 상황에 따라서 각권(주먹)으로 낭심을 쳐도 된다.

66-1 오른발이 나가면서 양 팔로(오른팔은 위, 왼팔은 아래로) 대퇴부 아래쪽을 막고,

66-2 왼 팔굽에 오금부분을 끼워 잡고,

<u>66-3</u> 오른 팔꿈치로 상대방 대퇴부를 누른다.

TIP 이때 오른 팔꿈치로 대퇴부를 쳐도 된다.

67-1 상대방의 발이 올라오는 순간 왼발이 나가면서 오른발로 앉아,

67-2 앉아 돌아 차기 한다.

68-1 오른발이 뒤로 빠지면서 왼 팔뚝으로 바깥에서 상대방 발목을 아래에서 위로 받쳐 올리면서,

<u>68-2</u> 오른발 앞꿈치로 상대방 대퇴부를 아래에서 위로 올려 찬다.

69-1 오른발이 뒤로 빠지면서 양 손으로(오른손은 위, 왼손은 아래로) 하퇴부 아래쪽을 막고,

69-2 왼손으로 발목을 받쳐 잡으면서,

<u>69-3</u> 상대방 오른 대퇴부를 뒤꿈치 안으로 찬다.

제11장

방검술 11수

흉기로 공격할 때 기본 막기 (양 장저로 막기)

70-1 흉기로 공격할 때

<u>70-2</u> 오른발이 약간 뒤로 빠지면서 양 장저(손바닥)로 막는다.

흉기로 바로 찌를 때 치기 1 <small>(수도/척골부로 열결 치기)</small>

<u>71-1</u> 흉기로 바로 찌를 때

<u>71-2</u> 왼발이 왼쪽으로 나가면서 왼 요골부로 밑에서 올려 막고,

TIP

상반신을 전진하는 발 방향(왼쪽)으로 틀어야 흉기 찔림을 막을 수 있다.

<u>71-3</u> 오른 수도 또는 척골부로 상대방의 열결을 친다.

<u>72-1</u> 흉기로 바로 찌를 때

<u>**72-2**</u> 왼발이 왼쪽으로 나가면서 왼 척골부로 요골부를 막는다.

TIP 상반신을 전진하는 발 방향(왼쪽)으로 틀어야 흉기 찔림을 막을 수 있다.

72-3 막은 후 오른 팔꿈치로 상대방 상
완을 치고,

TIP 상대방과 신장차이가 날 경우,
팔꿈치 대신 중지권(꿀밤 줄 때의 주먹 쥔
손모양)으로 상완을 쳐도 된다.

<u>72-4</u> 이어서 오른 수도(손날)로 상대방의 뒷목을 친다.

흉기로 복부를 바로 찌를 때 꺾기 1 (겨드랑이 꺾기)

73-1 흉기로 복부를 바로 찌를 때

73-2 왼발이 왼쪽으로 나가며 왼 척골부로 상대방의 요골부를 막고,

 TIP 상반신을 전진하는 발 방향(왼쪽)으로 틀어야 흉기 찔림을 막을 수 있다.

<u>73-3</u> 오른손은 상대방 오른 손목을 잡고,

<u>73-4</u> 왼손은 손가락이 아래로 가도록 손목을 잡는다.

73-5 이어서 왼발이 오른쪽으로(나의 오른발과 상대방 오른발 사이로) 들어가면서 겨드랑이 꺾기를 한다.

TIP 잡은 손 모양

74 흉기로 복부를 바로 찌를 때 꺾기 2

(손목 꺾어 누르고 가슴차기)

<u>**74-1**</u> 흉기로 복부를 바로 찌를 때

<u>**74-2**</u> 왼발 전진하며 양 손 X자로(왼손 위, 오른손 아래로) 막는다.

TIP 상반신을 전진하는 발 방향(왼쪽)으로 틀어야 흉기 찔림을 막을 수 있다.

<u>74-3</u> 막은 후 오른손 엄지가 상대방 손등을 잡고, 4손가락은 수도부분을 잡는
다. 왼손도 반대쪽에서 똑같이 잡는다.

74-4 이어서 잡은 손을 왼쪽으로
돌려 손바닥이 위로 향하게 꺾어
누르면서,

(TIP) 잡은 손 모습

74-5 오른발로 가슴을 찬다.

흉기로 복부를 바로 찌를 때 꺾기 3 (열결에 칼 넣기)

75-1 흉기로 복부를 바로 찌를 때

75-2 오른발이 오른쪽으로 나가면서 오른 척골부로 요골부 또는 열결 부분을 막는다.

TIP

상반신을 전진하는 발 방향(오른쪽)으로 틀어야 흉기 찔림을 막을 수 있다.

<u>75-3</u> 이어서 왼손으로 상대방의 손목을 잡고,

<u>75-4</u> 왼발이 왼쪽 뒤로 돌면서 열결 부분에 칼 넣기 한다.

<u>75-4</u> 뒷모습

<u>76-1</u> 흉기로 바로 찌를 때

<u>76-2</u> 오른발이 오른쪽으로 나가면서 양 손으로 막고,

TIP 상반신을 전진하는 발 방향(오른쪽)으로 틀어야 흉기 찔림을 막을 수 있다.

76-3 왼손으로 상대방 손목을 잡으면서,

76-4 오른 각권(주먹)으로 상대방 오른쪽 턱을 친다.

76-5 이어서 왼발로 상대방 오른발을 밟고,

76-6 오른 장저(손바닥)로 왼쪽 가슴
아래를 밀어서 넘긴다.

 TIP

상대방의 오른발을 밟고 밀어야
상대방의 중심을 뺏을 수 있다.

76-6 뒷모습

흉기를 안으로(우→좌로) 찌를 때

77-1 흉기를 안으로 (우→좌로) 찌를 때

77-2 오른발이 상대방 오른발 안쪽 옆으로 가면서 왼 척골부로 막아 잡는다.

 TIP

상반신을 전진하는 발 방향(오른쪽)으로 틀어야 흉기 찔림을 막을 수 있다.

<u>77-3</u> 이어서 오른 팔굽 안에 상대방 오른 팔굽 관절을 끼워 꺾으며,

<u>77-4</u> 왼발이 왼쪽 뒤로 돌아서면서 상대방을 업고,

<u>77-4</u> 뒷모습

77-5 동시에 엉덩이를 치켜 올리면서 던진다.

78 흉기를 밖으로 (좌→우로) 찌를 때 (오금 밟아 눌러 넘기기)

<u>78-1</u> 흉기를 밖으로
(좌→우로) 찌를 때

<u>78-2</u> 왼발이 왼쪽으로 나
가면서 왼 척골부로 상완
뒷부분을 막고,

TIP

상반신을 전진하는 발 방향
(왼쪽)으로 틀어야 흉기 찔림
을 막을 수 있다.

<u>78-3</u> 오른손은 바깥쪽에서 손목을 잡는다.

78-4 이어서 왼손으로 상대방
뒷덜미를 잡아당기면서,

78-4 뒷모습

78-5 오른발로 오금을 밟아 눌러 넘긴다.

78-5 뒷모습

흉기를 위에서 내려찍을 때 1 (역수도로 인중/관자놀이 치기)

79-1 흉기를 위에서 내려 찍을 때

79-2 왼발이 왼쪽으로 나 가면서 왼손으로 상대방 팔 을 아래로 쓸어내리듯이 내 려 막고,

 TIP

상반신을 전진하는 발 방향(왼 쪽)으로 틀어야 흉기 찔림을 막 을 수 있다.

79-3 손목을 잡아 내리면서

<u>79-4</u> 오른 역수도로 인중이나

 TIP

역수도로 칠 때에는 오른손 엄지를 손바닥 안으로 구부려서 붙여야 엄지손가
락 부상을 막을 수 있다.

79-5 관자놀이를 친다.

 TIP

오른 주먹 또는 중지권(꿀밤 줄 때의 주먹 쥔 손모양)으로
인중이나 관자놀이를 쳐도 된다.

흉기를 위에서 내려찍을 때 2

80-1 흉기를 위에서 내려
찍을 때

80-2 오른발 전진하며 오
른팔 ㄱ자로 척골부로 올려
막는다.

<u>80-3</u> 이어서 왼팔 요골부로 상
대방 팔을 감아 나의 오른팔을 막
아 잡고,

TIP 잡은 손 모습

<u>80-4</u> 왼발이 나의 왼쪽 뒤로 돌면서 꺾어 누른다.

호신술 2

2021년 3월 23일 1판 1쇄 발행

저 자 | 김태영
펴낸곳 | 도서출판 등
펴낸이 | 유정숙
관 리 | 류권호
편 집 | 김은미, 유수복

시연자 | 김태영, 손귀동, 율다세프 더스턴벡(Yuldashev Dostonbek)

ⓒ 김태영 2021

주 소 · 서울시 노원구 덕릉로 127길 101-8
전 화 · 02.3391.7733
홈페이지 · dngbooks.co.kr/밝은.com
이메일 · socs25@hanmail.net

정 가 · 25,000원